Inhalt

Mode per Mausklick - ist Shopping im Netz die Zukunft?

Kernthesen

Beitrag

Fallbeispiele

Zahlen und Fakten

Weiterführende Literatur

Impressum

GENIOS BranchenWissen Nr. 06/2008 vom 18.06.2008

Mode per Mausklick - ist Shopping im Netz die Zukunft?

Autor GENIOS BranchenWissen: S.Kneer

Kernthesen

- Knapp 29 Millionen Deutsche kaufen im Internet ein.
- In der Rangliste der meistgekauften Güter liegt Mode dabei an Platz zwei hinter Büchern.
- Luxus-Linien präsentieren ihre Waren ebenso im World-Wide-Web wie Discounter, Versender und Warenhäuser.

Beitrag

C&A wagt es in diesem Herbst ein zweites Mal, Hugo

Boss will spätestens im Herbst 2009 dabei sein. Quelle erweitert das Angebot ständig und Luxusmarken wie Dior, Louis Vuitton, Polo und Gucci sind auch schon drin. Sie alle haben den Wachstumsmarkt Internet erkannt.

Innerhalb von vier Jahren haben sich die Ausgaben der Deutschen für Produkte aus dem Internet beinahe verdoppelt. 2007 haben 28,8 Millionen private Verbraucher für 17,2 Milliarden Euro im Netz eingekauft, das ist ein Anstieg von zwölf Prozent zum Vorjahr. Dabei hat der Umsatz mit Textilien überdurchschnittlich stark zugelegt. Die Kunden geben nicht nur mehr aus sie kaufen auch häufiger im Netz ein. [Abb.2]

Einkaufen ohne Grenzen

Weltweit werden bis zum Jahr 2010 rund 1,5 Milliarden Internet-Nutzer erwartet. In Deutschland sind 41 Millionen Menschen online, 70% von ihnen kaufen im Internet ein. Dabei steht nicht nur der reine Einkauf im Vordergrund. Die User suchen nach Gemeinschaft im Netz: Communities, Web 2.0 und Social Commerce in Foren tauschen sich Menschen über Produkte und Unternehmen aus, bewerten und empfehlen Artikel aus der schier unüberschaubaren

Produktvielfalt des Internet. Zudem kommt das Internet der Globalisierung entgegen: In Bayern kann man sich per Mausklick Boots aus Down Under ordern, auf der Nordseeinsel bestellt man sich schnell die neueste Jeans aus den USA Einkaufen ohne Grenzen. (1)

Welches Gewicht dem E-Commerce auch in der Modebranche beigemessen wird, zeigt die Präsenz der unterschiedlichsten Marken und Shops. Mango, Tchibo, NKD und Karstadt, Zero, Ulla Popken und Globetrotter, Reno, Görtz und Deichmann verkaufen im Netz. Auch Gerry Weber, Marc OPolo, Esprit, S.Oliver, Mexx und Tom Tailor sind mit Shops online. Ebenso etliche Labels der Luxusliga - von Gucci über Prada bis hin zu Louis Vuitton - sowie lokale Größen wie Theresa, Jades und Engelhorn. Neben den Versendern ist beispielsweise auch H&M seit August vergangenen Jahres im WWW vertreten. Und in diesem Herbst steigt mit C & A ein Schwergewicht des deutschen Textilhandels in den Online-Ring.

Netz statt Tüte

Dabei finden die Kunden fast überall in ihrer Nähe eine der 430 C&A-Filialen. Doch der Konzern will und muss dem Kunden dort begegnen, wo er sich aufhält. Mittlerweile sind das nicht nur die Stadt, das

Einkaufszentrum oder der Flughafen, sondern eben auch das Internet. Das zeigen die rasanten, zweistelligen Zuwachsraten des Online-Handels. Da kann und will es sich kein Modehändler leisten, dort nicht präsent zu sein. (2)

Jetzt scheint die Zeit reif davon geht auch C&A aus. Das Unternehmen hatte im Oktober 1999 einen ersten Versuch im Internet gestartet: Netz statt Tüte lautete der Slogan damals. Doch nach nur neun Monaten beendete der Bekleidungsfilialist damals das Experiment. Es war wohl zu früh noch waren zu wenige Kunden im Netz unterwegs. Im Herbst 2008 versucht es C&A noch einmal. Der neue Online-Shop wird von der neu gegründeten Tochterfirma C&A Online GmbH betrieben. Partner für die gesamte Prozesskette des Internet-Vertriebs sind die D+S Europe AG und deren auf E-Commerce spezialisierte Tochter Heycom im niedersächsischen Garbsen.(3)

Im unteren Preissegment tummelt sich auch der Online-Shop von NKD, der seit September am Netz ist. Zentraler Aspekt für den Discounter ist der Multichannel-Ansatz. Die Absatzkanäle werden entsprechend verknüpft, so dass online bestellte Ware auch in einer der rund 1 200 Filialen retourniert werden kann. Auch eine Bestellung von Artikeln aus dem Internet-Angebot mit anschließender Lieferung an eine Filiale ist möglich. (4)

Quelle und seine Partner

Natürlich hat nicht jeder die Kapazitäten und Fähigkeiten, um einen Online-Shop zu eröffnen. Neue Wege geht dabei Quelle: Unter Quelle.de finden sich Partner, die vom Know How und dem Bekanntheitsgrad des Versenders profitieren. Mit täglich zwei Millionen Visits im Onlineshop liegt Quelle auf Rang drei in Deutschland. Vorteile sehen die Verantwortlichen auf allen Seiten: Den Besuchern von Quelle.de werde ein größeres Angebot präsentiert, die Shop-Partner bekämen sehr schnell und kostengünstig Zugang zu Millionen potenzieller Kunden, das Angebot bei Quelle.de werde aus Kundensicht kompetenter und umfangreicher. Zudem partizipiert Quelle an den Umsätzen der Shoppartner, denen der Versender die Plattform aber auch Kartons, Liefer- und Retourenscheine zur Verfügung stellt.Die ersten zehn Partner-Shops wurden im vergangenen Jahr freigeschaltet: darunter Mexx, Tom Tailor, Hama und WMF. Anders als beispielsweise der Otto Versand kooperiert Quelle auch mit Einzelhändlern, wenn es sinnvoll erscheint. Zum Beispiel mit dem Fahrrad-Anbieter Fahrrad.de aus Esslingen. Im Jahr 2008 sollen noch Baby Walz und S. Oliver hinzukommen. Doch auch der Shop quelle.de wird ständig überarbeitet: So sind Laufsteg-Videos von ausgewählten Outfits aus der Frühjahr-

und Sommer-Kollektion online abrufbar. (12), (6)

Luxus per Mausklick

Auch die Luxuslinien setzen immer stärker auf das Internet. Anfangs befürchteten sie eine zu hohe Diskrepanz zwischen Anspruch auf Exklusivität und Rarität und dem Massenverkauf per Maus. Doch sie sollten eines besseren belehrt werden Im Jahr 2000 wagte sich LVMH mit www.eluxury.com, auf der neben konzerneigenen Marken wie Louis Vuitton, Donna Karan, Fendi und Thomas Pink 50 Luxusmarken angeboten werden, auf den amerikanischen Markt. Zwei Jahre später folgten Gucci und Hermès mit eigenen Seiten in den USA. Den Startschuss in Europa gab 2003 Gucci in Großbritannien. Louis Vuitton, Dior und Hermès folgten mit den ersten europäischen Online-Shops 2005 in Frankreich und Großbritannien. Und in den beiden darauf folgenden Jahren explodierte der Luxus-E-Commerce: Gucci machte in Deutschland, Frankreich, den Niederlanden, Belgien, Irland, Italien und der Schweiz E-Shops auf, Hermès startete im vergangenen Jahr in Deutschland und Großbritannien, Dior in Deutschland, Großbritannien, Spanien und Italien. Auch Louis Vuitton ist gerade in Deutschland online gegangen, Pläne gibt es auch bei

Unternehmen wie Hugo Boss, Strenesse und Aigner. Die Wachstumsraten im Internet geben ihnen Recht: Polo Ralph Lauren, das in Europa noch nicht vertreten ist, hat seinen Umsatz in den USA im vergangenen Jahr um 29 Prozent auf 116 Millionen Dollar (73,4 Millionen Euro) gesteigert. Mittlerweile sehen alle Luxusanbieter in ihren Internet-Shops eine Möglichkeit, Neukunden anzusprechen oder bestehende Kunden stärker an sich zu binden. Mancher Kunde wohnt doch zu weit weg von einer der edlen Boutiquen, andere trauen sich nicht, den Luxusladen zu betreten. So hat eine Studie zum Thema E-Commerce im Luxusbereich des Pariser Marktforschungsinstituts Eurostaf ergeben, dass 31 Prozent aller französischen Internetkunden im vergangenen Jahr Luxusartikel gekauft haben. Zu 93 Prozent waren sie zufrieden mit dem virtuellen Kauf. Die Studie unterscheidet in drei Typen von Internet-Luxuskunden: die Gelegenheitskäufer mit niedrigem Einkommen (24 Prozent), die Konservativen (22 Prozent) und die Überzeugten (34 Prozent). Der Rest sind Nichtkäufer. (5)

Ohne Service kein Wachstum

Dass das Internet ein Verkaufskanal in einer breiten Strategie sein kann und muss, scheint allen klar.

Doch wie wichtig auch das technische Know-How ist, betonen Fachleute wie Professor Dr. Gerrit Heinemann von der Hochschule Niederrhein, Mönchengladbach. Die Einrichtung eines Online-Shops sei nicht das primäre Problem, die größere Herausforderung sei die Verknüpfung der verschiedenen Kanäle. "Wenn die Kunden ein Produkt im Internet gesehen haben, dann muss der Verkäufer im stationären Geschäft zu diesem Produkt auch Auskunft geben können - selbst wenn man es nur online kaufen kann", sagt Heinemann. (13) Zudem müssen die Kanäle aufeinander abgestimmt sein. Nur so kann der Online-Handel auch zum großen Wachstumsmarkt werden. Da aber der Markt nicht größer, sondern nur anders verteilt wird, müssen andere vom großen Kuchen wieder etwas abgeben. Es wird dabei erwartet, dass die klassischen Versender auch in Deutschland, wo der Online-Handel noch von den großen Versendern dominiert wird, unter Druck geraten werden. Das zeigt das Beispiel Großbritannien - ebenfalls ein versandaffiner Markt. Dort sind unter den zehn größten Online-Händlern überwiegend Unternehmen mit stationärer Herkunft. So rechnet beispielsweise auch Otto-Chef Schrader damit, dass von den sieben deutschen Universalversendern langfristig nicht mehr als drei überleben werden. Denn sie werden kaum stationäre Warenhäuser eröffnen, um sich dort Marktanteile zu sichern.

Aber auch der stationäre Einzelhandel muss neue Wege gehen. Der Point of Sale, der Laden mit Beratung und guter Aufenthaltsqualität, wird eher zum "Point of Information", wo man sich Ware anschaut, die man dann online kauft. Deshalb werden lokale Einzelhändler den Weg ins Internet gehen müssen auch als eine Form des Direktmarketings. Das Werbeangebot per Mail kann im Internetshop sogleich bestellt werden. (2)
Wie wichtig die Präsenz im Internet auch und gerade für Modeanbieter ist, zeigt eine aktuelle Befragung der Nielsen Company. In einem Ranking der Produkte, die am liebsten im Internet gekauft werden, erreicht Mode nach Büchern den zweiten Platz und liegt somit vor Videos und DVDs sowie Flugtickets und Elektronik. Der Anteil der Befragten, die Mode gerne im Internet kaufen, liegt bei 36 Prozent. [Abb.1], (7)

Fallbeispiele

Bei der **Otto-Gruppe** setzt man auf Multichannel: Der Univeralversender Otto verkauft via Katalog und Internet, Bon Prix ergänzt diese zwei Vertriebswege durch stationäre Läden. Auch Mytoys.de, früher reiner Internet-Anbieter, setzt zur Kunden-Aktivierung auch das Medium Katalog ein und hat vor etwa 18 Monaten begonnen, zusätzlich eigene Läden zu eröffnen. Zudem wurde der Online-Shop www.imwalking.de für Schuhe eröffnet. (1)

Pionier im Online-Shopping ist **Frontlineshop** mit einem Umsatz von 30 Millionen Euro, 160 000 Kunden und Wachstumsraten über 30 Prozent. Mit einer Markenwelt zwischen Skatewear und Jeans spricht Frontlineshop im Internet die Jungen und die Junggebliebenen an. Gerade einmal zehn Prozent der Umsätze erzielt Frontlineshop über das klassische Katalog-Geschäft. Der Online-Shopper teilt die rund 300 Marken in Lifestyle-Welten ein. Dazu bieten die Macher einen Podcast-Channel, Blogs und Videokunst, damit sich die Käufer auch im Online-Shop gerne tummeln. So präsentiert sich der Web-Shop anders als die anderen Shops im Netz. Den Katalog betrachten die Frontlineshop-Macher als Kundenbindung und entscheidendes Marketinginstrument. (8)

Fulfillment-Dienstleister u.a. für More und More im Web ist **Fortuneglobe**, der E-Commerce-Tochter von Freshtex aus Heilbronn. Bis zur Beauftragung durch More und More war Fortuneglobe hauptsächlich selbst Betreiber von Webshops wie burner.de, haburi.com. Fortuneglobe und Freshtex Logistics sowie More&More arbeiten sehr eng zusammen. Die Marketingmaßnahmen für den Web-Shop - sowohl on- als auch offline - werden direkt von More&More entwickelt. Fortuneglobe beginnt bei der Programmierung des Webshops und dem Fotografieren der Ware und endet bei der Retourenabwicklung. (9)

Zahlen & Fakten

Die Bestseller im Netz

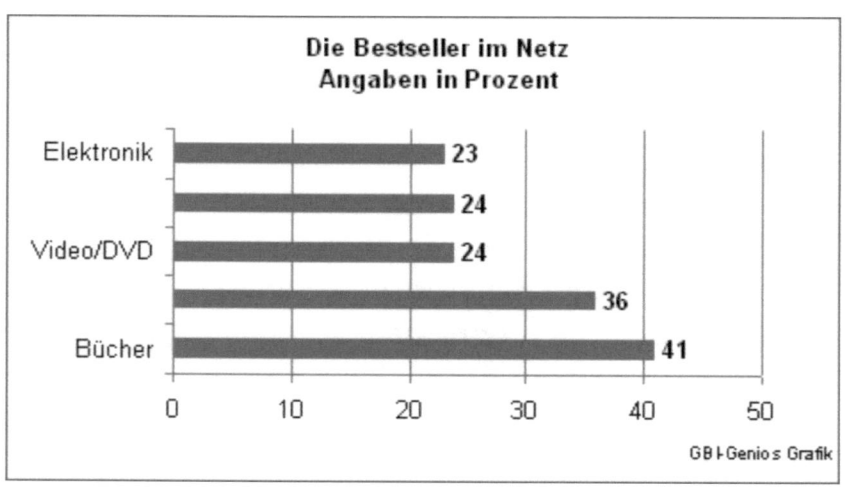

Quelle: Internet World/Nielsen Company

Entnommen aus: TextilWirtschaft, Ausgabe 16 vom 17.04.2008 (7)

Gestiegene Internet-Umsätze

Quelle: GfK WebScope

Entnommen aus: TextilWirtschaft, Ausgabe 11 vom 13.03.2008 (11)

Weiterführende Literatur

(1) Otto-Chef warnt: Discounter gefährden Jobs
Versandhauskönig sieht durch Kauf beim
Billiganbieter die Zahl der Arbeitsplätze in

Deutschland schrumpfen
aus DIE WELT, 31.05.2008, Nr. 126, S. 15

(2) Da sein, wo die Kunden sind
aus TextilWirtschaft 18 vom 01.05.2008 Seite 018

(3) C&A: Zweiter Versuch als Netz-Händler
aus TextilWirtschaft 17 vom 24.04.2008 Seite 006

(4) NKD mit Filiale im Netz
aus TextilWirtschaft 18 vom 01.05.2008 Seite 058

(5) Das Internet wird zur Flaniermeile
aus Welt am Sonntag, 20.04.2008, Nr. 16, S. 83

(6) Quelle kooperiert mit S. Oliver und Baby Walz
aus TextilWirtschaft 16 vom 17.04.2008 Seite 014

(7) KUNDEN: WAS KAUFEN SIE AM LIEBSTEN IM INTERNET?
aus TextilWirtschaft 16 vom 17.04.2008 Seite 018

(8) Die VERSENDER MIT DER MAUS
aus TextilWirtschaft 15 vom 10.04.2008 Seite 032

(9) Pakete für den E-Commerce
aus TextilWirtschaft 14 vom 03.04.2008 Seite 058

(10) Wachstum im Online-Handel hält an
aus TextilWirtschaft 11 vom 13.03.2008 Seite 043

(11) KUNDEN: FAST 29 MILLIONEN DEUTSCHE KAUFEN IM NETZ
aus TextilWirtschaft 11 vom 13.03.2008 Seite 016

(12) Mehr Umsatz mit Shops im Netz
aus TextilWirtschaft 10 vom 06.03.2008 Seite 041

(13) Von Karten und Kanälen
aus TextilWirtschaft 23 vom 05.06.2008 Seite 034

Impressum

Mode per Mausklick - ist Shopping im Netz die Zukunft?

Bibliografische Information der deutschen Nationalbibliothek

Die Deutsche Nationalbibliothek verzeichnet diese Publikation in der deutschen Nationalbibliografie; detaillierte bibliografische Daten sind im Internet über http://dnb.d-nb.de abrufbar.

ISBN: 978-3-7379-2887-8

© 2015 GBI-Genios Deutsche Wirtschaftsdatenbank GmbH, Freischützstraße 96, 81927 München, www.genios.de

Alle Rechte vorbehalten. Dieses Werk ist einschließlich aller seiner Teile – z.B. Texte, Tabellen und Grafiken - urheberrechtlich geschützt. Jede Verwertung außerhalb der Grenzen des Urheberrechtsgesetzes bedarf der vorherigen Zustimmung des Verlags. Dies gilt insbesondere auch für auszugsweise Nachdrucke, fotomechanische Vervielfältigungen (Fotokopie/Mikroskopie), Übersetzungen, Auswertungen durch Datenbanken oder ähnliche Einrichtungen und die Einspeicherung und Verarbeitung in elektronischen Systemen.